नवदुर्गा
NINE FORMS OF MOTHER GODDESS

कोमल शर्मा

Copyright © Komal Sharma
All Rights Reserved.

ISBN 979-888569042-3

This book has been published with all efforts taken to make the material error-free after the consent of the author. However, the author and the publisher do not assume and hereby disclaim any liability to any party for any loss, damage, or disruption caused by errors or omissions, whether such errors or omissions result from negligence, accident, or any other cause.

While every effort has been made to avoid any mistake or omission, this publication is being sold on the condition and understanding that neither the author nor the publishers or printers would be liable in any manner to any person by reason of any mistake or omission in this publication or for any action taken or omitted to be taken or advice rendered or accepted on the basis of this work. For any defect in printing or binding the publishers will be liable only to replace the defective copy by another copy of this work then available.

Komal Sharma

The writer's name is Komal Sharma. She is from Ambala. She started her career as a writer in 2013. She became a part of many Anthologies and also compile her own anthologies. It organizes open mic and another event. Recently she is working on her own compiles book named by Special 26th Jan. Republic Day, Katte Mithe Pal, School Life, Rask Ek Kahani,26 January, A Life Struggle, Valentine's Day, Teacher's Day, Armaan Dil Ke, Dream Life, School Life, A Life Struggle, Happy Soul, How To Deal Failure. She always keeps working on her career as a publisher and writer by making anthologies. She always tries to publish a new book on occasion. ND RK publication owner ND RK foundation. Her books are so meaningful and peaceful which are trying to give a message to our society.

क्रम-सूची

प्रस्तावना vii

1. Harshita Verma 1
2. Shweta Vishwakarma 4
3. Rajat Rohit Rajput 7
4. Shalu Verma 11
5. Suhani 14
6. Surya Kant Meena(aaditya) 17
7. Ankita Nahar 19
8. Aditya Pitroda 21
9. Har Deepansh Bahadur Sinha 23
10. स्वर्णलता 25
11. Dr Preeti Chaudhary 27
12. Dr. Archana Shrivastava Shreya 29
13. Simran Kaur Sachar 32
14. Vijayamalathi Mani 34
15. Narayan Dixit 37
16. Sonia Allawadhi 39
17. T.jothilakshmi 41
18. Khushboo Bishnoi 43

• v •

प्रस्तावना

The Nine Forms Of The Mother Divine
And Her Gifts For You!
Shailaputri
Strength, courage and composure
Brahmacharini
Recognition of your true nature i.e. infinity
Chandraghanta
Alertness
Kushmanda
Creativity
Skandamata
Kathyayni
Healthier relationships
Siddhidhatri
Perfection and enlightenment
Kaalaratri
Dynamism through deep rest
Maha Gauri
Wisdom
© Cartoonist 2014

प्रस्तावना

1. Harshita Verma

Co-author Harshita Verma is a writer from Lucknow. She has completed her graduation in the commerce stream. She has been writing poetry for the last few years as her passion. She wants to be a novelist in the future.

Harshita Verma

नवदुर्गा

Navratri

Celebrating the nine days of Navratri
Worshipping the Goddess heartily
Navratri beginning with the day of Goddess Shailputri
Carrying the calmness of her father Himalaya
Goddess Brahmacharini is worshipped the second day
The meditative form of Goddess Parvati
To please Lord Shiva her penance is of utmost
The third day is of Goddess Chandraghanta
A fierce Goddess with ten arms
To destroy all evil that persists
Goddess Kushmanda is worshipped on the fourth day
The one who created the universe
The energy of the whole galaxy
The fifth day is of Goddess Skandmata
Seated on a lotus she is the greatest
With Lord Kartikeya in her lap
The sixth day is of Goddess Katyayani
The warrior Goddess riding on a lion
The most violent form of Goddess Durga
The seventh day is of Goddess Kaalratri
With the third eye on her forehead
She contains the whole universe
Goddess Mahagauri is worshipped on the eighth day
The day of Durga Ashtami is dedicated to her
Goddess Siddhidatri is worshipped on the last day of
Navratra

कोमल शर्मा

The form which is considered perfect of Goddess Durga
The nine days of Navratri are the days of blessings of Adishakti.

2. Shweta Vishwakarma

Her name is Shweta Vishwakarma. She lives in Bhopal. She is in 2nd-year college.

Her belief is that it cannot be better expressed by speaking your words. And Can't explain as much as can be explained by writing And Shweta always likes to explain her things in writing and she likes to express her words in writing.

Shweta Vishwakarma

कोमल शर्मा

आ गई है नवरात्रि..

आ गई है नवरात्रि,
धूम धाम से हम मनाएंगे,
गरबे की रात हम,
डांडिया ख़ूब टकराएंगे|
साफ सफाई करेंगे घर की,
जगमग घर को बनाएंगे,
करेंगे सजावट घर की हम,
और फूल से हम पूरा मंदिर सजाएंगे|
सज गए हैं पंडाल सारे,
माता रानी को हम बुलाएंगे,
जयकारा लगा कर हम,
सारी रात हम भजन गाएंगे|
शुरू होते हैं उपवास हमारे,
अखंड ज्योत हम जलाएंगे,
सबके दु:ख हर लेना मैया,
हम आपके लिए कुछ भी कर जाएंगे|
इंतजार रहता है हमें उस दिन का,
जब माता रानी के दर्शन के लिए हम जाएंगे,
नवरात्रि की हर एक रात को हम,
गरबा खेल कर आएंगे|
माता रानी है हम सबके साथ,
बस श्रद्धा रखो मन में और दिल रखो साफ,
सवार जाएगी हमारी ज़िंदगी मैया,
रहेगा हमारे सर पे हमेशा उनका हाथ।
आ गई है नवरात्रि अब,

नवदुर्गा

धूम धाम से हम मनाएंगे,
गरबे की रात हम,
डांडिया ख़ूब टकराएंगे।

3. RAJAT ROHIT RAJPUT

Rajat Rohit Rajput is a writer who used to write positive and motivativational Poems and quotes. He's from vill Kariyapur Derapur Kanpur Dehat UP . He has been part of more than ten anthologies and has participated in many poetic events. He's also a Defence aspirant. He appeared in NDA and Airforce exams he qualified for all written examinations (4 NDA 2 Airforce) but he couldn't crack the SSB interview and now he's selected in Airforce. His ultimate goal is to join the Armed forces as an officer. That's why he use to write motivational and positive Poems to motivate himself and his friends as well. Some of his poems are available on his Instagram page Rajat Rohit Rajput and quotes are available on Iwriteheartfeelings.

He shares his thoughts under his tagline
"IT'S BETTER TO SHARE YOUR THOUGHTS RATHER THAN STORE THEM IN YOUR MIND"

RAJAT ROHIT RAJPUT

मां भगवान की मूरत है

मां ममता है मां करुणा है
मां भगवान की मूरत है
जिसको देख के गम मिट जाएं
मेरी मां की ऐसी सूरत है
मंदिर में मां शेरों वाली
सबके दुःख को दूर करे
मां मेरी जो घर पर रहती
वो घर में ही दुःख दूर करे
मां ममता है मां करुणा है
मां भगवान की मूरत है
खुशियां अपने बच्चों की देखे तो
मां चाहत में पड़ जाती है

कोमल शर्मा

अपने बच्चों की खातिर मां
सारी दुनियां से लड़ जाती है
वेद पुराण साहित्य सभी में
मां पूजन के योग्य रही
अपनी ममता करुणा से मां
ईश्वर के समतुल्य रही
मां ममता है मां करुणा है
मां भगवान की मूरत है
कुछ खास दिवस हैं देवी मां के
जिनको हम कहते नवराते हैं
व्रत करते हैं तप करते हैं
और करते हम जगराते हैं
पूजा करते मां को लोग मनाते हैं
मां की कृपा से मन चाहा फल पाते हैं
मां ममता है मां करुणा है
मां भगवान की मूरत है
घर अपना अगर मंदिर है तो
मां देवी है मेरे घराने की
नित्य सीढियां चढ़ती है वो
मुझको सफल कराने की
देवी मां का व्रत करते हैं
इनका भी तो कुछ आज करें
जो मेरी खातिर इतना करती है
उसकी खातिर भी कुछ काज करें
मां ममता है मां करुणा
मां भगवान की मूरत है

नवदुर्गा

मां के प्यार की लीला होती अजब निराली है,
दुनियां देती दुःख पर वो खुशियों की थाली है,
रूठें अगर कभी हम तो वो हमें मनाती है,
यौवन आ जाने पर भी लल्ला कहके बुलाती है

4. Shalu verma

Shalu Verma from New Delhi. She has completed her graduation from Rajdhani college from Delhi university. She has a great reader and writer of poetry. She also loves to dip herself in the ink of emotions for her writing is a peace of mind. mostly she writes poetry to inspire someone. she participated in many writing competitions and won prizes. She has contributed to a book named Tere Mere Jazbaat and The Patriotic Fighters.

Shalu Verma

देवी मां

हे सृजनकर्ता दुःख हरता देवी मां
तेरा नतमस्तक करूं मैं ओ देवी मां....
रणचंडी का रुप धर करती असुरों का संहार मां
से सृजनकर्ता दुःख हरता देवी मां....
सारी सृष्टि करती है तेरा गुणगान मां
तेरे पावन चरण पड़ते ही होता है, दुखों का निजात मां....
हर सूरत में तेरी ही मूरत को निहारुं मां
हे सृजनकर्ता दुःख हरता देवी मां....
हम भक्तों का रखना हर दम तूं ध्यान मां
हम हैं तेरे सेवक तूं है हमारी पोषक मां....
तूं ही करेगी हमारा अब उद्धार मां
हे सृजनकर्ता दुःख हरता देवी मां

❦❦❦

हे सृजनकर्ता दुःख हरता देवी मांमाता रानी

तू ही मां तू ही भवानी , है तू ही रणचंडी मां
दुःख हरता सृजनकर्ता है तूं ही करता धरता मां.....
तेरी छांव में पलकर मैं फली फूली हूं मां
है तूं ही मेरी रक्षक मां.....
हर दुःख दर्द से उबारती, है ऐसी तूं संतोषी मां
तू ही मां तू ही भवानी, है तूं ही रणचंडी मां.....
मेरी हर विपदा को हर लेती, रखती अपने स्पर्श तले मुझको हर दम मां.....

एक पल भी अकेला नहीं छोड़ती, न करती है,अपनी आंखों से ओझल तूं मां
तू ही मां तू ही भवानी , है तू ही रणचंडी मां.....
दिन रात करूं मैं तेरे पावन चरणों में नमन मां
दीप जलाए हर रोज़ करुं तेरी अर्चना मां
तूं ही मां तू ही भवानी, है तूं ही रणचंडी मां.....

5. Suhani

Suhani is a student residing in Agra. She wants to be a civil servant and wants to give a contribution to reforming society. Her hobbies are reading, sketching and traveling. She is currently pursuing her graduation.

Suhani

'Divine of Earth'

Maa has divine qualities,

Praying to her is our duty.
Tradient of Maa shows courage,
Always increase her devotees' living age.
The arrow and bow shows character,
Always do our care as a protector.
The lotus of Maa shows detachment,
It is a symbol of showing attachment.
The Red Colour shows passion,
Keeps us away from every caution.
Her forgiveness gives blessings,
Stay with us forever to see us smiling.

Maa, O! Maa Durga,

You are the mother of universe.
You protect the families
Who seemed to be under a curse.
Maa, O! Maa Durga,
Without you, there is no life meaning.
Whoever remembers you,
You arrives there for well being.
Maa, O! Maa Durga,
Be kind to accept our prayers,
You are the dominant part of life
And always do our take care.
Maa, O! Maa Durga,
Let your world always be smiling.

नवदुर्गा

Stay with us forever,
So we incessantly keep shining.

6. Surya kant meena(Aaditya)

This is Surya kant meena (Aaditya).
He is from Kotputli, Jaipur (Raj).
His hobbies are traveling, and writing.
He loves writing.
He was born on 08-11-1992.
he starts writing on 30 July 2021

Surya Kant Meena(Aaditya)

नवदुर्गा

ओ मेरी माता रानी
दुःख हर ले तू
सबके भवानी।
दर्शन करने आऊँ
तेरे दर पर
ये दिल मे है ठानी
ओ मेरी माता रानी।
तूने ही सबकी
दिल की बाते जानी
ओ मेरी माता रानी
मेरी भी सुन ले
ओ जीण भवानी।

❦❦❦

जय माता दी
बोले मेरा दिल है।
तू साथ है तो माता
फिर क्या मुश्किल है।
तेरा हाथ रहे मेरे सर पर
मुस्कुरा जाए मेरा दिल है।
तेरे दर पर आऊंगा माता
चाहे आये राह में
कितनी भी मुश्किल है।
जय माता दी।

7. ANKITA NAHAR

#AKII#@@@ अंकिता नाहर मूल रूप से अजमेर, राजस्थान की रहने वाली हैं। ये लिखने के लिए हमेशा उत्साहित रहती है साथ ही हमेशा शब्दों से सुकून सा पाती हैं। ये अपने विचारों और जो भी इन्होंने अपनी जिंदगी से सीखा है, अनुभव लिया है उसे अपनी रचनाओं में लिख देती हैं। इससे इनकी रचनाएँ बहुत ही ज्यादा भावुक भावों वाली और प्रभावशाली बन जाती हैं। जो कि पढ़ने वालों को बहुत आकर्षित करती है। वह इस माध्यम को और आगे तक ले जाना चाहती हैं। आप इनकी रचनाओं को इंस्टाग्राम @naharankita1 पर पढ़ सकते हैं।

ANKITA NAHAR

नवदुर्गा

माँ

समता का समाधान तुम
ममता की मूरत तुम
सहज और सरल तुम
धैर्य की परिभाषा तुम
दर्द में मरहम तुम
हर खुशी की वजह तुम
सुकून की नींद तुम
शांति की प्रीत तुम
हार में जीत तुम
हर संकट में साथ तुम
काली भी तुम
दुर्गा भी तुम
शैलपुत्री भी तुम
गौरी भी तुम
कालरात्रि भी तुम
तुम से हैं संसार सारा
तुमसे हैं विश्वास हमारा
गुणगान तुम्हारा जब भी करना होता हैं
शब्दों का अकाल मेरे पड़ जाता हैं

8. Aditya Pitroda

Aditya Pitroda is 17 years old, he belongs to Gujarat. He writes poetry in Hindi and Gujarati languages. He started working in Anthology in 2021 and till now he has worked in 30+ Anthologies out of which 7 have already been released. And will continue to write poetry like this in the future.

Aditya Pitroda

नवदुर्गा

माँ

माँ जब से आया में तेरे शरण में,
माँ तब से सुरक्षित हु में तेरे शरण में।
तेरे शरण में आया तब से
मेरे सारे दुःख दूर हो गए,
तेरे शरण में आया तब से मेरे
जीवन में खुशियों के रंग भर गए।
माँ जब से आया में तेरे शरण में,
माँ तब से सुरक्षित हु में तेरे शरण में।
हम कहे उससे पहले हमारा
सपना साकार कर देते है,
कितनी भी मुश्किल क्यों ना हो,
आप उसे आसान कर देते है।
माँ जब से आया में तेरे शरण में,
माँ तब से सुरक्षित हु में तेरे शरण में।

9. Har Deepansh Bahadur Sinha

हर दीपाँश बहादुर सिन्हा लखनऊ, उत्तर प्रदेश से संबंध रखते है। इन्होंने नैशनल पोस्ट ग्रेजुएट कॉलेज से भूगोल में स्नाकोत्तर की शिक्षा गृहण की है।

गाने सुनना, पकवान बनाना , गाड़ी चलाना इनकी रुचियाँ है। लिखना , तस्वीरे लेना , सौरमंडल को समझना और घूमने के प्रति इनका गहरा लगाव है।

Har Deepansh Bahadur Sinha

जय भवानी जय मर्दिनी

नवदुर्गा

इस सृष्टि की पालनहार
राक्षसो का करे संहार,
जिसके चरणों में संपूर्ण संसार
मात्र नाम जपने से होता उपचार ।
आठ हस्त मतलब आठ दिशायें
महाविनाशनी है माँ त्रियमबकाय,
अपने भक्तों की करती रखवाली
सिंह की सवारी करती शेरावाली ।
वह अद्भुत शक्ति का भंडार
जिसकी ममता में अत्यंत प्यार,
माँ कालरात्रि के पास अनेकों अस्त्र
पापियों पर भारी जिसके शस्त्र ।
इस जगत पर है जिसका साया
अति उत्तम और कोमल उसकी माया,
सदैव बना रहे आपका आशिर्वाद
जिससे हमरा चमन रहे आबाद ।
हर वर्ष हम मनाते नवरात्रि
अपने शरण में रखती शैलपुत्री,
कुछ अलग है उनकी भक्ति की महिमा
हे माँ अपनी कृपा दृष्टि बनाए रखना ।

10. स्वर्णलता

स्वर्णलता सोन
M.A. English literature
72 years old

स्वर्णलता

शक्ति रूपिणी माँ कल्याणी।
कृपा करो हे आदि भवानी।
सुर नर मुनि अरु संत सयानी।
तेरी महिमा किसने जानी।।
हे भव मोचिनी हे भव प्रीता।

शूल धारिणी परम पुनीता।।
शैल पुत्रि हे माँ भद्रकाली।
जय काली कलकत्ते वाली।।
चण्डमुण्ड को तुम संहारा।
शुम्भ निशुम्भहि आपने मारा।
महिषासुर संहारिणी शक्ती।
करते मुनिजन तेरी भक्ती।।
आ जाओ माँ आ भी जाओ,
निज शक्ती दिखला भी जाओ।
दूर करो सब संकट जग के।
कृपा करो जगजननी सब पे।।

11. Dr Preeti Chaudhary

Dr. Preeti Chaudhary (Assistant Teacher)
She is from Bulandshahar, Uttar Pradesh.

Dr. Preeti Chaudhary

माँ दुर्गा के नवरात्रों का पावन दिवस आया है,

नवदुर्गा

दिवस प्रथम शैलपुत्री का संदेशा लाया है।
प्रथम रुप मां का शैलपुत्री नाम से है अंकित,
त्रिशूल और कमल होता है सुशोभित।
दुजा रुप माँ का ब्रह्मचारिणी कहलाए,
तपस्या और सदाचरण यह हमको सिखलाए।
चन्द्रघण्टा माँ का है तृतीय रुप,
शांतिदायक, कल्याणकारी माँ है बहुत खूब।
चौथा स्वरुप कुष्मांडा है माँ का,
औषधीयों और व्याधियों से यह रुप बचाता।
स्कंदमाता पांचवें दिवस है आती,
नवचेतना और शुभफल माँ लाती।
छठा रुप माँ का है कात्यायनी,
माँ की उपासना हैं अमोघ फलदायिनी।
सातवां कालरात्रि रुप सिद्धि है देने वाला,
निडर विचरण करें माँ पहने मुण्डमाला।
महागौरी बन माँ अष्टमी को हैं आती,
अष्टवर्षा माँ प्रसन्नता का भाव हैं लाती।
नौवीं शक्ति दुर्गा है सिद्धिदात्री,
माँ देती रिद्धि सिद्धि हैं शुभ फलदात्री।
माता आओ सब घर बिराजो,
नौ रुप माँ के सभी के यहा

12. Dr. Archana Shrivastava Shreya

डॉ. अर्चना श्रेया श्रीवास्तव प्राकृतिक चिकित्सक, समीक्षक, लेखक, गीतकार, कहानीकार, विभिन्न संस्थाओं में लगभग 10 में अध्यक्ष पद पर आसीन रहकर साहित्यिक, धार्मिक, सामाजिक, सांस्कृतिक गतिविधियों का सफल आयोजन, अनगिनत पुरस्कार व अवार्ड विजेता, एक्सीलेंट लेडी 2001, समन्वय रत्न, ऋतंभरा सर्वश्रेष्ठ रचनाकार सम्मान प्रमुख है। विभिन्न समाचार दैनिक भास्कर से लेकर पत्रिका तक साहित्यिक व धार्मिक पत्रिका मे लेखन। सर्वश्रेष्ठ सम्पादिका पुरस्कार प्राप्त। वर्तमान में अनेक साहित्यिक, धार्मिक एवं सामाजिक संस्थाओं से जुड़कर कार्य कर रहे हैं। राष्ट्रीय श्रेया क्लब, श्रेष्ठ क्लब, भगवद्गीता परिवार की संथापिका, राष्ट्रीय व अन्तरराष्ट्रीय स्तर के पटल पर काव्यपाठ एवं अनगिनत सम्मान पत्र प्राप्त।

स्पष्ट एवं सकारात्मक लेखन से कुरीति उन्मूलन व पर्यावरण प्रेमी। साथ ही गायत्री परिवार में भी सहभागिता निभा रहे हैं।

Dr. Archana Shrivastava Shreya

अंबा

कोई अनंता कहता कोई महागौरी कहता है।
सारा जहां तो दुर्गा अंबा पुकारता है।
भक्ति दायिनी मोक्षदायिनी मां हो तुम
शक्ति दायिनी मुक्ति दायिनी अविद्या हरणी भी तुम
विश्व बंदिनी लोकपालिनी सिहवाहिनी माता तुम
असुरों का दमन करने, जग की हाहाकार मिटाने आना है।
कोई अनंता कहता.....
झांझ मंजीरे ढोलक हर तरफ बज रहे हैं।
ज्योति रूपिणी पथ प्रदर्शनी को भक्त पुकार रहे हैं।
अतुलनीय रूप तेरा महिमा अपरंपार है।
काल चक्र घुमा मां दुखों की जंजीर तोड़ना है।

कोई अनंता कहता.....
सृष्टि घूमती जहा जिधर तेरे इशारे हो।
गर्मी में शीतलता दे कालिमा मिटे पूनम हो।
सुंदर भाग्य बनाती हो कर्म संपूर्ण कराती हो।
कालरात्रि बन आओ दुष्टों का संहार करना है।
कोई अनंता कहता.....

❦❦❦

ऐसा आलिंगन हो

दुख पीड़ा हरो मां ऐसा आलिंगन हो।
गहरे भवसागर में आप पतवार हो।
कृपा कर धैर्य दे मां हर राह सुगम हो।
सारा कष्ट भूलूं पावन ऐसी गोद हो।
ममतामयी करुणामयी हर तरफ तेरा नूर हो।
जगत जननी कष्ट हरिणी सदा तेरी जय हो।
नवरात्रि में हर तरफ नौ रूप का गुणगान हो।
सच्चा बनू निडर बनू ऐसा अर्चन हो।
पावन कर मन मेरा सारा क्लेश दूर हो।
गरबा सजे थिरके सब हर मन खुश हो।
पुलकित हो हर आंगन में प्रेम प्रसारित हो।
जीवन को नई दिशा मिले शुभ भावना हो।
आस्था भक्ति भर चेहरे में मुस्कान हो।
शांति अमन प्रेम पनपे पावन संदेश हो।
हर की कामना पूरी हो भव्यता में जीवन हो।

13. Simran Kaur Sachar

My name is Simran Sachar, I am a law graduate and currently preparing for some ethical and confidentiality-based work. Love for writing grew up only when I realized that writing down certain things can actually give relief.

Simran Kaur Sachar

बचपन से ही मां के नवरात्रि आने पर एक खुशी सि आ जाती थी, स्कूल की छुट्टी होते ही भजन और कीर्तन करना का उत्साह इतना होता था कि बिना कुछ खाए पिए , बस नाह दो कर गार्डन में आस पड़ोस के दोस्तों की मंडली बैठ कर तैयार हो जाती थी। और एक के हाथ में जो सबसे बड़ी थी, वह किताब रखती थी

और भजन बोलती थी, हम सब उसके पीछे पीछे गाते थे, किसी हाथ में चिमटा तो किसी के हाथ में ढोलक होती थी, और फिर बड़े लोग हम पर हासते थे जब हम प्रसाद का वितरण करने आसपास के घरों में जाते थे , और प्रसाद में सिर्फ बतासे होते थे।
इसी बीच आखिरी नवरात्र में कंजक बैठने पर जो उपहार मिलते थे, उनका लालच ही अलग होता था,
बचपन में बस इतना पता था माता रानी का स्वरूप माना जाता है।
और फिर दोस्तों में कहासुनी कि आज तुझे हरा टिफिन मिला मुझे पिंक,
लड़कियों का तो फेवरेट ही पिंक रंग होता है।
इसलिए एक दूसरे को हम सब चिढ़ाते थे।
माता के नवरात्रि गरबा के बिना अधूरी है, उस शोर में भी कितनी शांति और सुकून होता है, मन में उत्साह होता है जिसमें हम सब खो जाते हैं।
ओर जब गरबा खेलने के लिए हम तैयार होते हैं , तो खुद को भी हम सिंगार करते हैं बाद में सब बोलते हैं तुम तो बिल्कुल दुर्गा का रूप ही लग रही हो तब तो मन और भी प्रसन्न हो जाता है यह सुनकर।
कुछ ऐसा हमारे लिए नवरात्रि का त्यौहार, जाते हुए नवरात्रि में हम हमेशा दुआ करते हैं यह नवरात्रि फिर से जल्दी आए।

14. Vijayamalathi Mani

Vijayamalathi Mani pursuing her Master's Degree in English Literature. She engrosses inking quotes and poetry. She is a pluviophile. Glance her musings on YQ @Violet vibes?. She wrote more than 3000 quotes on YQ. She currently compiling an anthology captioned "Miene Instinkate". She received more than 250 e certificates in various competitions. She is the core member of Solaced pentacles, World of Logophiles, Inner Souls. She co-authored 350+ anthologies. She believes through writings only can win others' hearts!

Vijayamalathi Mani

कोमल शर्मा

DIVINE DAY

The most famous Hindu festival,
It celebrate on the gorgeous autumn season,
In nine nights,
On that special occasion,
People worship for the divine feminine Devi Durga Ma,
People do stage settings,
They keep more toys of God, Goddess, human beings,
animals, birds, etc,
And they do prayers,
They also play dramas,
People are fasting on that occasion,
They offer offerings of Goddess of Durga and Parvati,
Let pray the Durga Ma,
And get her unending blessings and love!

NAVRATRI IN TAMIL NADU

Navratri is a historic tradition of Tamil Nadu,
On this special occasion,
People focus on Goddess Durga, Lakshmi, and
Saraswati,
In that festival time, at the temple people perform the
Bharatanatyam,

नवदुर्गा

Another tradition is Gollu dolls,
These include God, Goddess, animals, and birds,
People stet up their own themes,
And sett the stage decorations,
And they called their friends,
And also provide gifts and sweets to them,
In each temple in Tamil Nadu,
The priests worship for Durga,
The temples are decorated with flowers, ceremonial lamps, and Vedic chantings performed!

15. Narayan Dixit

नारायण दीक्षित
साहित्यिक नाम- हुनर हाड़ौती
गीत एवं ग़ज़लकार, योग्यता- एम.ए(संस्कृत).,बी.एड्, शिक्षाचार्य(एम.एड्.), दर्शनाचार्य, NET & SET(संस्कृत), लेसरदा, तहसील के.पाटन जिला बून्दी (राज.) अनेक पत्र-पत्रिकाओं में कविताएँ व ग़ज़लें प्रकाशित ।
अनेक सम्मान प्राप्त।
कई मंचों पर काव्यपाठ व मंच संचालन।

Narayan Dixit

नवदुर्गा

मां आती है

नव दिन नव रूप लिए मां आती हैं।
जीवन सारा सबका रोशन करती हैं।
ममता बरसाती कृपा बहुत लुटाती हैं।
कीर्तन हवन होते पंडाल सजते हैं।
घट स्थापना देख माता हर्षित होती हैं।
नव दिन नव रूप लिए मां आती हैं।
दुख के भंवर से जगजननी उबारती हैं।
पाप पुण्य के फेरे से पार लगाती हैं।
दुष्टों का संहार करने मां भवानी आती हैं।
नव दिन नव रूप लिए मां आती हैं।
कालिमा हटा पूनम सा रोशन करती हैं।
सुख समृद्धि सुहानी कर वृद्धि करती हैं।
आराधना करा जीवन सफल बनाती हैं।
नव दिन नव रूप लिए मां आती हैं।

16. Sonia Allawadhi

सोनिया को लिखने का शौंक हैं।
उन्होंने काफ़ी साल पहले भजन लिखा था।
वह ज्यादा माता रानी के भजन लिखती हैं।
इनका एक गाना ठंडिया छावा रिलीज़ हुआ था।

Sonia Allawadhi

तुम जैसी मां,
हमको कही ना मिलेगी मां,

नवदुर्गा

मैया तेरे आंचल से,
ओ मैया तेरे आंचल से,
कही छांव ना मिलेगी,
मां हो तेरा जगराता,
बैठे सारी रात हम,
बिन तेरे जागरण की यह रात ना मिलेगी,
तुम जैसी मां,
हमको कही नहीं मिलेगी।

17. T.Jothilakshmi

Jothilakshmi persuing Microbiology.
She is interested to work as co-author in our anthologies she is an upcoming rising star in these works her writings are motivated and laminate the life of readers. She does nearly many anthologies .just started her work and with her efforts, she reaches some stairs in this work.

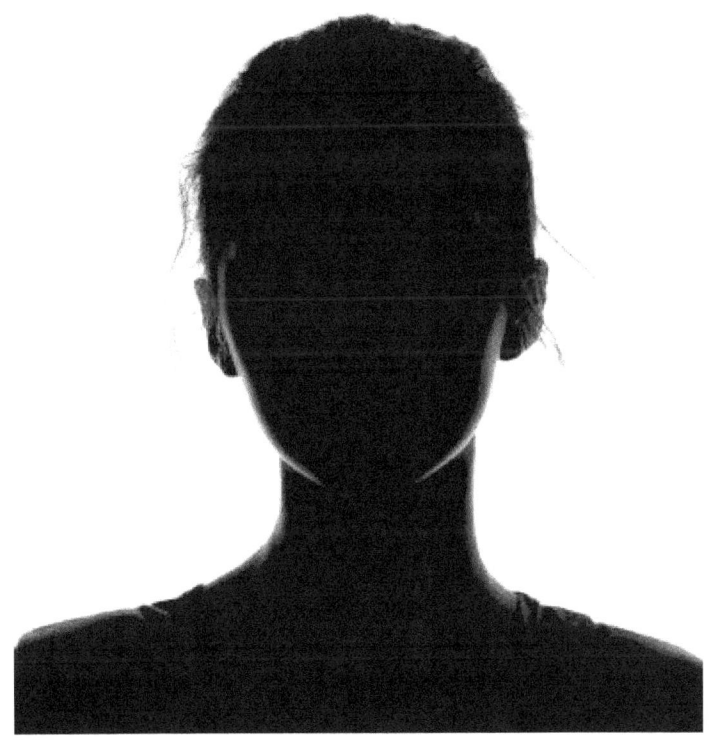

नवदुर्गा

T.Jothilakshmi

Goddess Mahishasura vardhini on behalf of her brave and strength the Navaratri occasion intimated. A person who is thought that women are weak and coward.
When the time comes every woman will become Devi Kaali

On this Navaratri Pooja, we are blessed with three goddess Durga Lakshmi Saraswati . which resembles that each and everyone in the world are blessed with sufficient knowledge, sufficient money and sufficient braveness to protect them from obstacles and problem.

18. Khushboo Bishnoi

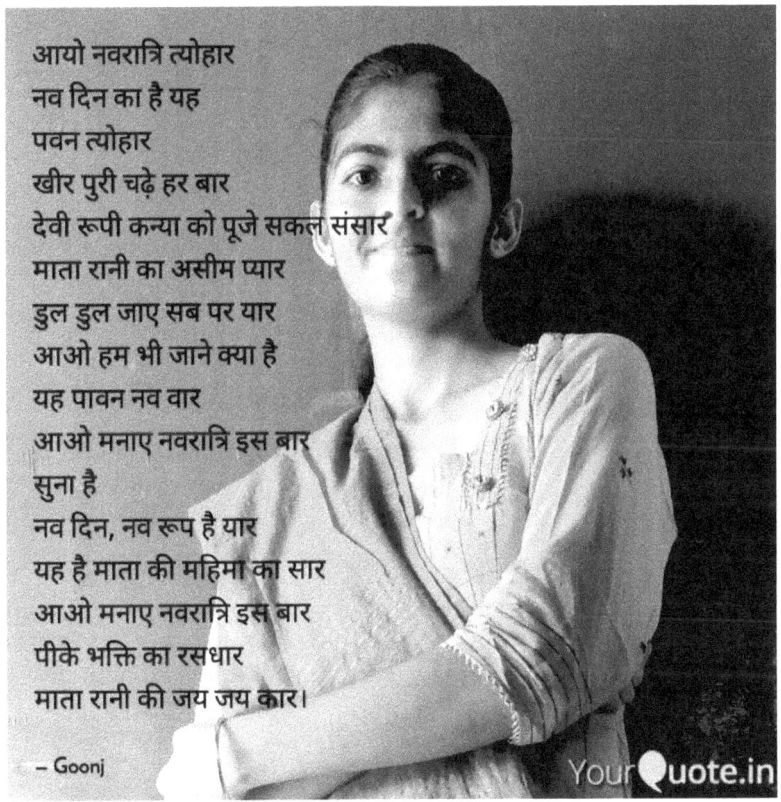

Khushboo Bishnoi

Khushboo Bishnoi pursuing psychology hns.
Pen name- Goonj

www.ingramcontent.com/pod-product-compliance
Lightning Source LLC
LaVergne TN
LVHW051925060526
838201LV00062B/4687
9798885690423